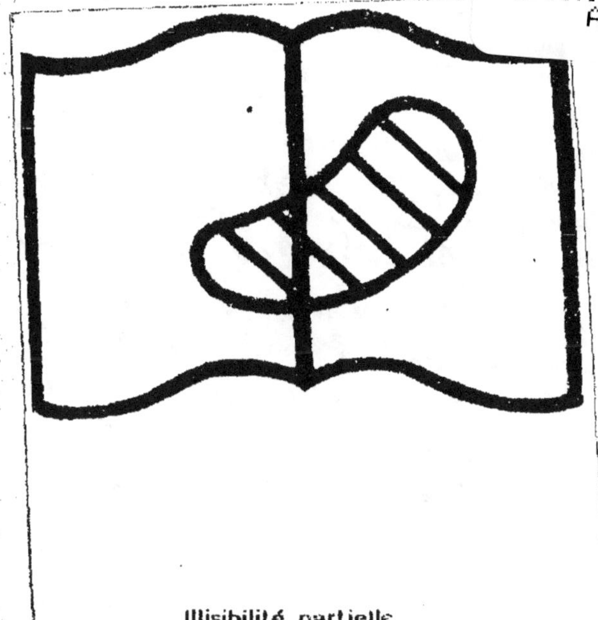

VALABLE POUR TOUT OU PARTIE
DU DOCUMENT REPRODUIT

1. Armateurs et marins bretons d'autrefois. — Un voyage au long-cours au commencement du 18e siècle: de Brest aux îles françaises d'amérique.

2. Les premières courses de Duguay-Trouin.

3. Les conquêtes C. M. de Balleroy, chef d'escadre (Brest, 1776-1780)

4. Lettres inédites de Th. M. Laennec.

5. Révolte d'écoliers au collège (... (18e s.)

6. Le procès de Louis XVI et la Révolution du 31 mai, d'après des lettres inédites de Bolard, député de Brest à la Convention nat.le

7. Le meurtre et le Cannibalisme rituels.

8. Aperçu général de la Criminalité en France.

9. Notes et réflexions sur la Justice criminelle en France : à propos de l'affaire Anastay.

Dr A. CORRE

LES PREMIÈRES COURSES

DE

DUGUAY TROUIN

Extrait de la Revue de Bretagne et de Vendée.

VANNES

LIBRAIRIE LAFOLYE

1896

PREMIÈRES COURSES DE DUGUAY TROUIN

Les mémoires sont les meilleures sources de l'histoire... après les documents d'archives. Ceux-ci ne trompent guère, car il est rare qu'ils aient été préparés en vue de détourner la vérité sur les choses ou sur les personnes, au profit des individus et des familles ; dans leur rédaction froide, indifférente, ils apparaissent comme des images photographiques, où revit un monde plus ou moins éloigné, et les erreurs qu'on leur peut attribuer ne proviennent que de l'altération volontaire ou inconsciente des auteurs, qui ont la prétention de les offrir intacts sous des formes rajeunies, à la manière des peintres, interprètes à leur façon de la nature, maintes fois si profondément modifiée sous leur pinceau. Les mémoires au contraire sont sujets à présenter des miroitements factices ; ils doivent être consultés avec une certaine défiance. Ils sont d'ordinaire rédigés à une époque tardive où la mémoire ne seconde pas toujours la bonne volonté de l'écrivain, et l'idée même à laquelle ils se rattachent implique à leur égard quelque suspicion. Un personnage a joué ou a cru jouer, dans son milieu, un rôle d'importance ; sa vanité seule crée quelquefois ce rôle de toutes pièces ou, l'amplifiant, le dénature ; au déclin de la vie, le sentiment du *moi* fait naître chez les plus honnêtes comme un besoin de l'exposer sous les meilleures couleurs, pour servir d'exemple ou de leçon aux générations nouvelles, et, dans cette œuvre, on n'a garde d'éviter le rapetissement ou le dénigrement des compétiteurs ou des rivaux d'antan ! Voilà des points qu'il importe de tirer au clair dans l'appréciation de tout ce qui concerne les personnes, à la lecture

des mémoires. Mais ceux-ci demeurent une intéressante peinture
des mœurs et des habitudes d'une époque, sous la plume alerte et
spirituelle d'un observateur bien doué ; ils sont encore précieux à
consulter pour l'enchaînement des faits et des événements, au cours
d'une période historique. C'est ainsi que, pour l'histoire de la
marine de la fin du règne de Louis XIV. les mémoires de Duguay
Trouin et de Forbin se dessinent, avec des mérites très inégaux.
Ils renferment des renseignements utiles sur la grande course. Ceux
de Duguay Trouin, sous une forme vive. presque passionnée, très
simple cependant, qu'un heureux caractère et quelque instruction
de collège ont imprimée au style de l'homme malgré lui forcé au
repos. jeune encore et plein de sève, en dépit de l'usure de rudes
campagnes ; ceux de Forbin. sous la forme posée, un peu lourde,
souvent même prétentieuse, que comporte chez leur auteur l'intime
conviction d'une supériorité de caste et de talent professionnel. Les
deux émules d'autrefois manifestement tiennent à fixer par l'écri-
ture le relief de leurs personnalités, ils ont l'un et l'autre la cons-
cience de leurs mérites, de leurs brillants services, et, comme s'ils
craignaient que la postérité ne les méconnût, ils veulent consacrer
leur retraite prématurée au tableau de leurs actions, dans le cadre
où ils estiment qu'elles doivent se dérouler. Par un curieux renver-
sement de tendances, c'est le méridional qui garde la note la plus
calme. malgré des amplifications outrées, et c'est le Breton qui
possède la note pittoresque et pétulante. Forbin est souvent un
insupportable avec ses prétentions : c'est le gentilhomme unique-
ment rempli de lui-même, qui a osé dire : « Il n'y a que deux
hommes en France, à qui le Roy Louis XIV ait jamais laissé carte
blanche, Turenne et moi. » Duguay Trouin, fils de ses œuvres,
bourgeois anobli à la pointe de l'épée, aime à s'arrêter avec complaisance sur les prouesses qui l'ont conduit si haut ; sa franchise
n'est pas exempte de quelque forfanterie peut-être ; mais, comme il
rend justice à tout le monde, ne cherche pas à diminuer la part de
gloire de ses compagnons de mer, ni à taire les orages de sa
jeunesse, il reste sympatique : c'est pour cela, sans doute, que ses
mémoires ont été acceptés sans grand contrôle, donnés comme
base principale à son histoire. Pourtant les mémoires du corsaire

malouin ne concordent pas toujours avec les documents qu'on découvre aux archives, plusieurs signés de sa propre main à l'époque des événements, les autres empruntés à des correspondances officielles relatives à ses plus importantes opérations. A cet égard je ne crois pas sans intérêt de mettre au jour diverses pièces que j'ai trouvées dans les *archives de l'amirauté de Brest*, jusqu'à ce jour inexplorées[1], et dans celles de l'*Intendance de la marine*, au même port, incomplètement fouillées; elles rectifient des dates et sur certains points le récit de faits notables, elles aideront à mieux comprendre la nature des transformations que les Pontchartrain ont imprimées à la marine des Colbert et des Seignelay, à mieux pénétrer dans le détail et les dessous de la guerre de course ; elles compléteront aussi les traits d'un caractère aux multiples reliefs ; sans d'ailleurs révéler rien qui soit susceptible de ternir l'auréole d'un vaillant.

On sait l'histoire de ces mémoires. L'abbé Poulain l'a résumée dans l'excellente thèse qu'il a soutenue devant la Faculté de Rennes, pour l'obtention du doctorat ès-lettres[2]. Il me paraît avoir été un peu sévère pour l'édition que fit publier, en 1740, M. de la Garde, parent de Duguay Trouin, et pour la rédaction de Godard de Beauchamp, aux soins duquel elle avait été confiée ; car ce livre est loin d'être « une traduction », et l'on peut s'assurer par la comparaison des textes cités par l'abbé Poulain lui-même et des pages correspondantes de cette édition[3], que le fonds reste exact et le plus souvent aussi la lettre de l'original. De celui-ci, il existe certainement ou il a dû exister plusieurs copies de la main

---

[1] Je suis en ce moment occupé à les classer.

[2] *Duguay Trouin, corsaire, écrivain, d'après des documents inédits*, lib. Didier, Paris, 1882 Je dirai en passant que l'abbé Poulain, tout en consultant beaucoup de sources a commis quelque injustice, en omettant de mentionner l'article très remarquable de Ch. Cunat, dans la *biographie bretonne* : cet article est, à mon avis, la meilleure biographie qui ait été donnée sur Duguay Trouin, la plus complète, celle qui a été écrite avec la plus grande somme de documents authentiques ; l'auteur a même utilisé des notes des archives de l'Intendance de la marine à Brest, qui, sans doute, lui furent communiquées par Levot.

[3] *Je me suis servi de l'édition d'Amsterdam, de 1746.*

de Duguay Trouin ou retouchées par lui. C'est sur un manuscrit
de cette sorte que l'abbé Poulain a composé en grande partie son
ouvrage ; Eugène Sue[1] et La Landelle[2] ont eu sous les yeux un
manuscrit similaire, car tous deux racontent la jeunesse du marin
breton, dont le récit fut supprimé dans l'édition de 1640, sur le
désir manifesté par le cardinal de Fleury. Un autre manuscrit,
déposé à la bibliothèque de Chaumont, a été publié en 1884[3] et tout
récemment l'on annonçait la mise en vente de papiers relatifs à
Duguay Trouin chez un notaire du département du Finistère,
papiers que M. Kerneis, bibliothécaire de la marine à Brest, estime
n'être que les analogues des documents conservés à Chaumont[4].

Les mémoires en question commencèrent à être rédigés, selon
toutes les probabilités entre 1715 et 1720[5]. Duguay Trouin est
alors âgé de 42 à 47 ans[6], attristé, moins par la maladie qui réduit
momentanément son activité que, par les attaques de rivaux jaloux ;
il vit dans la retraite, avec l'espoir d'un retour des jours glorieux ;
toutefois il sent le besoin de se défendre et ses premières pages
furent consacrées à l'affaire de Rio-de-Janeiro ; elles lui donnèrent
l'idée d'écrire des mémoires complets, mise à exécution quelques
années plus tard. Comme il ne semble pas avoir rédigé des notes
au jour le jour, au moins dans la première partie de son existence,
mais avoir seulement conservé les papiers et les lettres de service.
les témoignages de satisfaction reçus de la cour ou des hautes
autorités maritimes dans les ports, il n'est pas étonnant qu'il ait
commis des erreurs ou des oublis : les écarts de souvenir sont
d'autant plus évidents que les faits remontent à des époques plus
lointaines. Les hommes d'action ne s'embarrassent guère, quand
ils racontent, d'une exactitude de détail, pas plus qu'ils ne sont

[1] *Histoire de la marine française*, éd. Bonnaire, Paris, 1896, V.
[2] *Vie de Duguay Trouin.*
[3] *Vie de Monsieur Duguay Trouin, écrite de sa main et dont il a
fait présent à la famille de MM. Delamotte à Brest.* Furne et Jouvet,
Paris, 1884.
[4] *Bretagne,* 11 octobre 1895.
[5] Cunat donne la date de 1718 ; mais il ne serait pas impossible que l'idée
remontât même vers 1714, et l'achèvement ne fut pas l'œuvre d'un seul jet.
[6] Il est né le 10 juin 1673.

prolixes. Ce ne sont pas des arrangeurs de phrases. L'acte, pour eux, doit suffire à l'effet dans sa simplicité, et ses relations mêmes sont négligées, si elles paraissent indifférentes. L'on peut juger le Duguay Trouin de la période active par ses déclarations et ses rapports, d'ordinaire très concis, rarement ornés de réflexions susceptibles de donner très vive couleur aux faits énoncés. Mais le Duguay Trouin de la période de repos est moins réservé : il revit ses batailles par le souvenir, toute sa jeunesse, et se laisse aller à la peinture la plus imagée des événements auxquels il a pris part, sans prétentions, sans efforts, avec un naturel parfait, non toutefois, je le répète, sans quelque complaisance. A-t-il dû vaincre « tant de répugnance » pour écrire ses mémoires ? Il est permis d'en douter[1].

Duguay Trouin a dans les veines du plus pur sang de corsaires. Il respire un air natal tout imprégné des effluves marines et des odeurs de la poudre ; il subit une ambiance où domine la haine de l'Anglais, de l'odieux *Saxon*, comme on l'appelle en Bretagne ; dès l'enfance son imagination est hantée par les tableaux de guerre au récit des vieux, et, dès l'adolescence, il se montre bruyant débordant, militant. Il ne saurait être que marin. Mais dans la famille la mer a déjà enlevé tant de membres, qu'on voudrait bien diriger le jeune René vers une plus calme profession : l'on essaie de forcer sa vocation ; il reporte ses ardeurs maladroitement comprimées vers le débordement. Doué d'un fonds honnête, il s'arrête assez tôt pour éviter les combativités criminelles et se retrouve enfin satisfait, prêt pour la bonne lutte, sur le pont d'un bâtiment corsaire, à l'âge de 16 ans (1689). Cela lui complaît mieux que les bancs d'école. C'était l'heure où l'orgueilleuse omnipotence de Louis XIV, heurtant de front les intérêts ou surexcitant les jalousies des grands Etats européens, soulevait contre la France la ligue d'Augsbourg. De tous les adversaires dressés contre nous,

---

1 « Les événements de ma vie, dit-il, en la préface du manuscrit autographe cité par l'abbé Poulain, sont accompagnés de circonstances si extraordinaires et si propres à donner de l'émulation à ceux dont les inclinations sont nobles, que j'ai vaincu ma répugnance pour un travail de cette espèce, afin de laisser à mes amis et dans ma famille une puissante exhortation à bien servir le Roy et l'Etat. »

deux étaient surtout à redouter sur la mer, l'Angleterre et la Hollande. Mais nous avions à leur opposer une marine puissante, celle de Colbert, encore accrue et bien disciplinée par Seignelay, ministre insatiable de gloire, comme son maître, et rêvant d'éclipser les lauriers de Louvois, une marine formée à l'école des Duquesne, des Tourville, avec une pléïade d'officiers distingués, et à côté de laquelle évoluaient de nombreux bâtiments de course, lancés sur les mers du Ponant par Dunkerque, la patrie de Jean Bart, Dieppe, le Hàvre, Grandville, Saint-Malo, (déjà la *cité-corsaire*), Nantes, Bordeaux et Bayonne. Quelle aurore pour Duguay Trouin ! Le voilà volontaire sur *la Trinité*, petite frégate de 16 canons, commandée par le capitaine Etienne Piednoir, emporté loin des siens, qu'il aime d'une affection sincère, tout à son apprentissage. Rude est celui-ci, au milieu de matelots, aux allures brutales, portés à se moquer d'un citadin et bientôt sinistre, marqué par les risques d'un naufrage et par un combat à l'abordage. Les impressions du jeune homme sont vives, il les surmonte, et le danger ne fait qu'exalter sa passion pour la mer.

A peine de retour à Saint-Malo, il s'embarque avec le même titre de volontaire pour une nouvelle croisière sur la frégate le *Grénédan*, armée par sa famille et commandée par le capitaine Le Gous. Cet imberbe, dont l'éducation nautique date à peine de quelques mois, ce gamin échappé d'hier d'un collège, a déjà une telle confiance en « son coup d'œil, » qu'il ose donner des avis à ses officiers ; il entraîne son capitaine à courir sur une flotille de navires anglais, qu'il a devinés être de simples marchands, et qu'on hésitait à attaquer, dans la crainte qu'ils ne fussent bâtiments de guerre. Le succès justifie l'audacieuse présomption du jeune volontaire. D'ailleurs, il y a combat ; les navires marchands ne se risquent pas sur des mers sillonnées de corsaires et de pirates, sans quelques précautions, ils ont des canons, quelquefois d'assez forts équipages, et lorsqu'ils sont en nombre ils peuvent espérer faire belle résistance à un adversaire isolé. L'âpreté à défendre une cargaison plus ou moins riche est égale à l'ardeur qu'on met d'autre part à s'en emparer. Le capitaine français s'est décidé pour l'abordage... qui, s'il ménage moins les existences humaines, respecte davantage le navire à capturer et lui conserve aussi meilleure valeur commerciale (il faut, en histoire, envisager les choses et les hommes sous leurs véritables couleurs). Duguay Trouin le premier s'élance : il tombe à la mer. On songe bien aux maladroits ou aux malheureux, au plus chaud d'un corps à corps ! chacun a trop à faire pour son propre compte, suspendu à quelque grelin d'une main, de l'autre s'escrimant du sabre ou de la hache, contre des rangs pressés de piques et de mousquets, au milieu des sifflements des balles et de la fumée aveuglante. Duguay Trouin se tire seul des flots, remonte assez à temps sur son bord pour prendre part à un second abordage, et il est encore à la tête des pelotons qui se jettent sur un 3ᵉ bâtiment. Cette fois, il s'est posé. Je veux bien que le capitaine ait un peu exalté la conduite d'un vaillant, qu'il sait appartenir à la famille de ses armateurs ; mais en retranchant toute part d'exagération, il reste assez de vérité pour laisser très honorablement augurer d'un pareil début. Aussi, à 18 ans, le volontaire devient capitaine.

On lui confie le commandement du *Danycan*, petit corsaire de 14 canons et de 98 hommes d'équipage.

Alors on se souciait médiocrement des diplômes. On tenait plus compte des preuves de capacité individuelle fournies par les actes, que d'une ombre de capacité évoquée par des examens tout de verbiages. A une époque soi disant dépourvue d'individualisme, l'individualisme éclate par le dessinement soudain de personnages de toutes classes et de tous ordres, que n'enrayent, dans les manifestations de leur génie, ni les conditions d'âge, ni les conditions de brevets spéciaux. La réglementation à outrance la centralisation excessive ne sont point poussées au degré qui étouffe les réelles valeurs et les forçent à s'adopter à un moule uniforme, comme aujourd'hui. Malgré l'épuisement de notre race, il n'est pas impossible qu'elle produise encore des germes généreux, mais ces germes ne sauraient désormais éclore que trop tard pour arriver au croît utile à la nation. Bonaparte n'eut pas eu l'étonnante fortune qui lui a permis d'ériger notre énervant système de nivellement, s'il eut été soumis aux règles formulées sous son inspiration. De Condé, nous n'en reverrons plus, ni de Jean Bart ni de Duguay

Trouin peut-être. La marine toutefois est encore en état de donner des hommes aux aptitudes précoces, car seule elle enlève des adolescents à la machine éducative officielle, assez à temps pour leur conserver la verte sève de l'originalité, réserve aux vocations réelles des occasions d'affronter de bonne heure les plus lourdes responsabilités. Sous l'ancien régime, on ne connaissait pas toutes les entraves que le nouveau (je tiens a bien affirmer que, sous cette épithète, je n'entends pas comprendre le régime transitoire de la Révolution, énergiquement transformateur, qui néanmoins, plus qu'on ne le soupçonne, sût garder des traditions monarchiques, des éléments d'action très vigoureux[1]) — semble avoir accumulées afin de mieux briser les caractères. On ne négligeait pas néanmoins la préparation nécessaire au bon exercice des professions, et on lui imprimait une direction très pratique. Le garde-marine vit comme en caserne et ne quitte l'école que pour faire un plus ou moins long stage à bord des vaisseaux. traité presqu'en soldat. Des capitaines ou patrons qui doivent se livrer à la navigation de métier, celle du long cours ou du cabotage, des pilotes, on exige des examens techniques. Mais pour la course, où l'audace, le coup d'œil instinctif, la vigueur de l'esprit et du corps sont tout, on ouvre large la porte aux initiatives. Les armateurs, gens intéressés à confier leur navire-capital à sûr escient, sont laissés libres dans le choix de leurs capitaines, comme ceux-ci du choix de leurs officiers. Les capitaines corsaires sont de simples matelots qui ont fait leurs preuves de courage, d'anciens officiers mariniers de toutes les catégories, qui se sont révélés à la mer avec des qualités de combattants (sur un état des capitaines *capres* de

---

[1] Si je m'étais senti l'homme de style que réclame un tel sujet, j'eusse essayé de le démontrer par un parallèle entre Seignelay et Jeanbon Saint-André. La correspondance maritime de ces deux hommes, de croyances politiques si différentes, offre des analogies très frappantes : l'un et l'autre, doués d'un remarquable esprit d'organisation, d'autorité, de décision, surent arriver à des résultats similaires par des moyens presque identiques : ils poursuivirent le même objectif, la gloire nationale, avec le même fanatisme pourrait-on dire, celui-ci sous l'étiquité républicaine et celui-là sous l'étiquette monarchique. Je ne crois pas que de pareils caractères eussent pu, sous l'Empire, donner la mesure de leur ampleur. Sous Napoléon, Jeanbon Saint-André ne fut qu'un bon préfet : la nouvelle ambiance avait ramené ses qualités à une honnête moyenne!

Dunkerque, dressé en 1676, par l'intendant de ce port, figurent, à côté de Jean Bart et de Keyser, son inséparable, un charpentier et deux chirurgiens « de leurs premiers métiers[1] »). Sur les vaisseaux que le roi *prête* aux particuliers, il y a comme commandants des officiers de marine, « hors cadres », des capitaines marchands, des officiers de terre de diverses armes ; le *grand-corps* lui-même ouvre ses rangs, quelquefois, de par la volonté de Sa Majesté, à des hommes sortis du Département de la guerre (Jean d'Estrées quitta les camps pour la flotte après la campagne de Flandre et, après une première campagne de mer en Amérique, obtint le grade de vice-amiral). On tient surtout, chez les individus appelés à combattre, aux aptitudes que réclame la lutte et l'on n'estime pas que la différence des éléments suffise à les renfermer en des bornes trop exclusives. D'ailleurs, à bord de tous les bâtiments, il y a, en très forte proportion, des *professionnels* pour la conduite et la manœuvre du navire, des maîtres d'équipage, des pilotes côtiers et de haute mer. On peut *a priori* critiquer de tels usages : il faut s'incliner devant les faits et reconnaître que nombre d'*intrus* ont jeté un très vif éclat dans notre marine.

Voilà donc Duguay Trouin « maître après Dieu » sur un bord (1691). Il n'a pas grande expérience. Pour qu'il s'impose à l'équipage, il doit beaucoup compter sur les circonstances. Celles-ci ne s'annoncent pas comme favorables. A peine sorti du port, le navire est poussé par une tempête jusque sur les côtes d'Irlande. Le capitaine ne se démonte pas : il fait une descente à terre, brûle un château, et, faute de rencontres à la mer, revient à Saint-Malo : il n'amène aucune prise, mais il a laissé à son monde l'impression d'un chef résolu, capable de hardis desseins. Son frère aîné, La Barbinais, a deviné en lui « l'associé » qui convient à sa maison. Désormais tous deux soutiendront la fortune des Trouin : l'un sera la raison commerciale, l'autre l'âme de l'action ; ils arriveront l'un par l'autre à la richesse et à l'anoblissement. Une frégate de dix-huit canons, le *Coëtquen*, est armée par Duguay Trouin[2] ; elle ira croiser

---

[1] Etat reproduit in-extenso dans l'ouvrage d'E. Sue, IV, 28.

[2] C'est à partir de cette époque qu'il prend le nom seigneurial de Duguay ou plutôt Du Gué (Cunat).

en compagnie d'une autre, le *Saint-Aäron*, commandée par un Irlandais, le capitaine Welsch, sous commission de Jacques II (Louis XIV pour honorer la royauté déchue entend que le souverain détrôné exerce vis-à-vis de ses sujets « rebelles » toutes les prérogatives de la couronne). Les navires cinglent vers la côte anglaise (1692), arrivent en vue d'une flotte marchande escortée par deux frégates de guerre. Duguay Trouin n'hésite pas : sa tactique est en somme celle qu'on devait attendre d'un aussi jeune et bouillant capitaine, un peu celle de « casse-cou », mais si osée, si prompte, si énergique, qu'elle triomphe des obstacles, réussit, contre les apparences Il se précipite sur l'une des frégates ennemies, la met bientôt hors de combat, oblige l'autre à fuir, tandis que « son matelot » donne dans le convoi. Douze bâtiments sont capturés. Mais les vainqueurs sont aperçus et chassés par cinq vaisseaux de guerre : Duguay Trouin est trop heureux de se tirer d'affaire, non sans quelques dommages, en s'abritant derrière les rochers de Bréhat. Cette aventure lui fit, pour la première fois peut-être, éprouver la nécessité de posséder certaines connaissances acquises, à côté des facultés d'instinct, et sans doute elle le porta à l'étude. Il a perdu tous ses pilotes, tous les officiers de manœuvre. Il avoue qu'il fut très embarrassé « pour régler lui-même la route pendant le reste de la campagne, non sans un grand travail d'esprit et de corps ». La leçon ne sera pas inutile. A peine échappé à ce péril, Duguay Trouin tombe dans un autre : il s'en tirera avec quelque habileté. Une tempête l'a poussé dans la Manche de Bristol : il a mouillé sous une petite île, où presque aussitôt un vaisseau anglais de 60 canons vient chercher lui-même un refuge ; la partie est trop inégale pour qu'on l'engage sans témérité : il faut avoir recours à la ruse et payer de sang-froid. Le *Coëtquen* arbore le pavillon anglais ; il ne bouge point, afin d'écarter tout soupçon chez son puissant adversaire ; mais le capitaine a fait tenir ses voiles « sous des fils de carret », prêtes à se déployer ; brusquement, elles retombent et se gonflent, en même temps que les câbles sont coupés, et le navire s'éloigne d'un côté, pendant que le vaisseau de guerre arrive de l'autre. Celui-ci donne chasse, mais la nuit sauve notre corsaire, qui, à quelques jours de là, enlève deux riches prises et rentre avec elles à

Saint-Malo. Voilà bien la caractéristique du génie de Duguay Trouin, le sang-froid qui ne s'étonne de rien, laisse toute sa netteté à la conception, la décision rapide, l'exécution précise, tout cela dominé par un esprit d'audace peu commune, qui paraîtrait souvent plus que de la témérité, si le succès habituel ne démontrait qu'elle cachait presque toujours une appréciation parfaite des chances favorables et défavorables à courir, une étonnante faculté de jugement associée à une non moins étonnante faculté de direction, et une ténacité toute bretonne. Le jeune homme avait raison, dès ses débuts, d'avoir confiance en ce qu'il appelait « son coup d'œil ». Mais Duguay Trouin n'est pas, à proprement parler, un enfant de la mer, comme Jean Bart ; il n'a pas vécu, dès ses plus tendres années, de la vie du mousse, appris les mille détails que comporte le métier de matelot, visité dans leurs moindres détails, sur des bateaux de pêche ou de cabotage, les côtes de l'un et de l'autre littoral de la Manche, appris par la fréquentation journalière des marchands de toutes nationalités les habitudes d'après lesquelles ils règlent leurs voyages, initiation qui a conféré au corsaire dunkerquois de si redoutables avantages. Le défaut d'une éducation spéciale reçue de très bonne heure se fait sentir chez le capitaine malouin : sa valeur est tout entière dans l'approche et le combat, il est moins heureux dans la recherche des bâtiments à surprendre ou à attaquer, dans la préparation des croisières fructueuses ; aussi ses courses sont-elles très inégales sous le rapport des profits… commerciaux. Avec l'expérience on le verra acquérir des qualités nouvelles, grâce auxquelles il tiendra brillante place parmi les officiers de la marine royale ; mais, à mon avis, il restera, comme corsaire, l'inférieur de Jean Bart, le type accompli de l'espèce !

Pour bien se rendre compte du courage qu'il fallait déployer à ce moment pour se livrer à la course, il importe de ne pas oublier que la grande marine vint de sombrer dans le désastre de la Hougue (mai-juin 1692). La Manche est sillonnée de vaisseaux ennemis, notre littoral breton fouillé et harcelé par d'innombrables petits corsaires de Jersé et de Guernesé, dont l'audace est encore accrue par les succès de la flotte de guerre. Ce qui reste de vaisseaux dans nos arsenaux suffit à peine à la défense de certains points faibles et de nos principaux ports, à la protection de nos colonies, et les approvisionnements de toute nature sont à peu près épuisés. Les bâtiments particuliers ne peuvent compter que sur les ressources de leurs armateurs et la valeur de leurs capitaines. Saint-Malo, dans cette occurrence, se montre à la hauteur de la situation : il ne s'y produit aucune défaillance et pendant que les vaisseaux de Pannetier échappés à la destruction n'osent s'éloigner de ses forts, ses bâtiments corsaires glissent au travers des flottes anglaises ; les tentatives dirigées contre cette fière cité ne font que redoubler sa haine contre Albion et ses efforts pour la mieux satisfaire.

La guerre va se transformer. Il y aura bien encore quelques gros armements dans nos grands ports : mais ils se feront de plus en plus rares, et, sous la direction du second Pontchartrain, autant pour épargner au roi la dépense d'entretien de vaisseaux inutilisés que dans l'espoir de remplir les caisses du trésor, très pauvres par un partage de bénéfices avec des armateurs, on accorde les débris de nos flottes aux négociants, leurs officiers sans emploi n'ont d'autres ressources que de se mettre aux gages de sociétés particulières, il n'y a plus qu'une marine de course ! Il est surprenant que la France ait pu soutenir, aussi longtemps et avec autant d'honneur, une lutte ainsi modifiée. L'Angleterre et la Hollande promènent sur les mers des escadres imposantes, partout leurs corsaires sont assurés de la protection de celles-ci. Nous n'avons à leur opposer que des bâtiments, ou isolés ou groupés en petit nombre, et cependant nous obtenons des succès, nous infligeons aux ennemis des pertes énormes, de l'aveu de leurs propres historiens. Mais ces triomphes éphémères devaient nous coûter bien cher. devenir l'obstacle à la réconfection d'une forte marine. Ce n'est pas impunément qu'on éveille trop intensivement les cupidités, qu'on fait fléchir devant elles les sentiments désintéressés d'honneur et de gloire. Nos officiers, oubliant noblesse et tradition, tournent au marchand. Ils sont comme des associés du comptoir. L'on fait sa cour en armant à ses frais des navires pour la course, en construisant à ses frais des frégates et mêmes des vaisseaux pour la course, en s'intéressant pour une ou plusieurs parts dans la course, et comme il faut rentrer dans ses débours, on devient âpre au gain. Le calcul s'insinue jusque dans les combinaisons du combat : dans l'abordage, on oublie le côté héroïque, pour ne plus envisager que le côté... de rapport ; on a les instructions de l'armateur, qui ordonnent de ménager les munitions, de tâcher de faire des prises sans les trop endommager par le canon, on les suit à la lettre. Puis on évite les rencontres où l'on risquerait quelque lutte dommageable. Il y a peu de combats réellement sérieux et ce serait une erreur de croire à des engagements dignes de notre admiration, à la lecture de maints récits où l'on fait grand tapage de coups de canons échangés. Je l'ai déjà dit, les bâtiments marchands ont tous une artillerie plus ou moins considérable, mais très souvent ils ont un très petit nombre d'hommes ; tel qui porte 10 canons, n'a guère plus de marins et, la première volée tirée, il est rare qu'une seconde la suive ; les navires des compagnies seuls sont de force ; mais à leur bord aussi domine l'instinct mercantil : si l'on craint pour le navire et sa cargaison, on se rend après un simulacre de résistance, on traite de rançon, ou, plus tard, les armateurs ou propriétaires s'arrangent pour traiter d'un rachat de marchandises. Des combats qu'on nous représente comme historiques sont quelquefois marqués par la perte... de quelques hommes de part et d'autre. Evidemment, chez les Anglais et les Hollandais, le mercantilisme existe, mais il n'envahit pas de la même manière le milieu des officiers de guerre, conservés dans leur emploi naturel. Au contraire, chez nous, il s'insinue dans un corps jadis généreux[1] et chez nos corsaires, la répétition de succès trop faciles affadit les courages. Aussi dans le premier éclat d'une lutte, si différente de celles d'autrefois, peut-on déjà découvrir le germe des hontes de la marine de Louis XV.

[1] L'intérêt est déjà devenu un mauvais conseiller chez maints officiers, à l'époque du premier Pontchartrain Il est triste d'apprendre par la correspondance du secrétaire d'Etat que les officiers auxquels le Roi confie de petits bâtiments pour courir sus aux corsaires de Jersé et de Biscaye se tiennent cois dans les petits ports, non par lâcheté, mais par calcul : là, ils accordent à leurs hommes des permissions pour descendre à terre, aller visiter leurs familles ; ils touchent pour eux des rations qui ne sont pas consommées et, comme ils ont la liberté de les rendre contre argent au commis du munitionnaire, ils remplissent vite et facilement leur bourse !

Nous n'en sommes pas encore là, Dieu merci ! Arrêtons-nous donc sur ces réflexions attristantes. Laissons-nous encore éblouir par les rayons que projettent les brillants exploits de quelques-uns de nos corsaires, de souche noble ou roturière. L'histoire n'a pas été juste pour tous nos marins. Elle a gardé rancune a plus d'un officier du grand corps du désastre de la Hougue, qui pourtant n'est imputable qu'à la faute d'un ministre. C'est que sans doute, parmi ces vaincus transformés en corsaires héroïques et habiles, il n'y a guère de mémorialistes et l'histoire est trop souvent écrite par des arrangeurs de phrases qui aiment le document tout préparé. On accepte sans critique le récit des prouesses de ceux qui écrivent eux-mêmes leurs exploits, on ne se donne pas la peine de relever les actions de ceux qui se sont bornés à agir, quelque superbes qu'aient été ces actions. On connaît mieux les premières courses de Duguay Trouin, grâce à ses mémoires, que les belles croisières de M. de Nesmond, à la tête d'une escadre armée pour le compte de particuliers, et cependant je n'oserais affirmer que, sans les opérations du second, le premier eut pu se livrer aux siennes avec la sûreté et le brio que l'on sait. M. de Nesmond se montre sur tous les points où il peut espérer porter quelque coup à l'ennemi, il surveille l'entrée de la Manche, pénètre dans cette mer, la balaie méthodiquement des corsaires de toutes grandeurs qu'il y rencontre, ne rentre au port que pour rafraîchir ses équipages et donner la carène à ses navires, et bientôt ressort pour recommencer ses courses ; il se bat et fait des prises, il tient haut le pavillon du Roi, sur ses vaisseaux devenus l'instrument de fortune de simples particuliers. A côté de lui, d'autres officiers se comportent de même avec des succès inégaux. Ces braves gens sont en réalité les derniers remparts protecteurs de notre marine marchande, et sans eux nos corsaires proprement dits n'auraient pas aussi longtemps réussi à tenir tête contre le nombre des adversaires éparpillés sur toutes les mers de notre littoral, et certains de la protection de fortes escadres de guerre.

La famille de Duguay Trouin profite des circonstances : son frère obtient pour lui un bâtiment du roi, le *Profond*, suivant traité très... commercialement rédigé entre lui et l'intendant de la ma-

rine à Brest. Pour la première fois, Duguay Trouin vient à Brest
afin de procéder à l'armement de ce navire, une flûte de médiocres
qualités nautiques, et de 32 canons. Il a 20 ans ; de quelles réflexions son âme ambitieuse dut-elle être assaillie, au milieu de
ces officiers si fiers, si riches de renommée acquise avec les Duquesne et les Tourville, contre des marins comme les Tromp et les
Ruyter ! De quelle force elles durent accroître sa volonté de bien
faire pour arriver lui aussi, bien que simple bourgeois, à occuper
un rang parmi cette aristocratie. Le bâtiment qu'on lui confie
n'offre pas bonne apparence de marche, mais il est solide ; si l'on
ne peut atteindre les ennemis qui fuiront, au moins sera-t-on de
taille à se battre contre de plus vaillants, et la lutte pour Duguay-
Trouin est l'objectif essentiel. Il use de la faculté laissée aux capitaines de choisir eux-mêmes leurs officiers, de lever à leur guise
leurs équipages, parmi les matelots que ne prend pas le roi. Pour
les équipages, le recrutement n'est pas toujours aisé : comme on
ne peut prélever des matelots des classes qu'avec une autorisation
du roi, on est, dans les moments de presse, obligé de prendre tous
les sujets qui se présentent, sans s'inquiéter de leurs antécédents,
même des étrangers ; on s'attache surtout à posséder des officiers
mariniers de bon choix, c'est-à-dire un cadre de maistrance, comme
on dirait aujourd'hui, capable de diriger et de contenir des groupes
hétérogènes et de remplir au mieux les services de « spécialités » ;
des officiers-majors déjà habitués à la course ou, à défaut de renommée, suffisamment recommandés. La plupart des maîtres et
des officiers appartiennent à la région bretonne, ainsi qu'il fallait
s'y attendre, de même que les volontaires : ces derniers sont des
jeunes gens d'ordinaire de bonnes familles, désireux de faire leur
apprentissage de la mer et destinés surtout à servir comme soldats. J'ai eu l'heureuse chance de retrouver le *rôle* de ce premier
armement officiel de Duguay Trouin et je le reproduis comme un
intéressant document.

Rolle de la flutte le Profond, armée en course, déposé le 10 déc.
1692 au greffe de l'amirauté de Brest[1].

---

[1] *Arch. de l'amirauté de Brest.*

Officiers majors, le sieur Duguay Trouin, capitaine ; le sieur de la Jaunaye Le Goux, second capitaine ; — lieutenants, le sieur de Coursant Alvarès, le sieur de la Houssaye, le sieur de la Ville-jean Ferré, le sieur de Beaulieu Poultet, le sieur Morant ; — enseignes, les sieurs Denis, Delisle, de la Ville-Blanche, de Saint-Martin, de la Prairie Nicoles, Ouelche (Welsch) ; — aumônier, missire Jean Glouaguin ; — chirurgiens, les sieurs Le Moine, et Asirus pour le capitaine ; — écrivain, le sieur Quéhen.

Officiers mariniers : maîtres, Jean Dauchain, d'Arras, Jean Le Scouarne, de Brest ; — pilotes et maîtres de prises (maîtres chargés de la conduite des prises), 8 (de Saint-Malo, Gravelines, le Hàvre, Rotterdam, etc.) ; contremaîtres, 4 ; canonniers : Jean Feu, de Saint-Malo, commandant les canonniers, Jean Trouchot dudit lieu, son lieutenant, 8 autres de Saint-Servan, Brest, Morlaix, etc. ; — charpentiers, 2, de Dunkerque ; — calfats 3, de Saint-Malo, Sifours et Marseille ; — bossemans, 4, de Saint-Malo, Dunkerque, le Hàvre ; — 9 quartiers-maîtres, 4 voiliers, 1 maître de chaloupe, 1 patron de canot, 1 armurier (de Paris), 1 capitaine d'armes et 2 capitaines des matelots (chargés de la police à bord), 2 fraters, 1 commis de fond de calle (chargé de la distribution des vivres), et, en suite, 4 maîtres valets et 5 domestiques.

Matelots, 116 (dont 11 Hollandais ou Danois).

Mousses, 14.

Soldats, 15.

Volontaires : les sieurs Samson, de Queringant, Izac Rhode de la Boulevaine, Philippe-Bérard de la Borde (de Paris), Estienne de Bamville, Derose, Estienne Brochard, Bernard (de Saint-Etienne), Georges Connelard. Joseph Ribours, Philippe Cotteau, Mathieu Vancartel, François Huraut, Denis, Pierre Garon, Sébastien Nicaise, François Nicaise, Claude Dupmy, Dalby, Sauveur Cambert, Colonge, Belval, Lequel, St-Jouan, Philippe Dutaillis, Toustaint Grasseau, Joseph Majesté, Nicolas Biot, François Tousse, Sébastien Basse, Gautier, Ambron, Bault, Saint-Léger.

Mais, selon l'ordinaire, il y a des retardataires à rejoindre et des déserteurs (les avances une fois touchées, plus d'un, peu scrupuleux, disparaissait, et quelques timorés restent chez eux). La récapitulation, faite à bord, au dernier moment, porte 16 officiers majors, 63 officiers mariniers, 112 matelots, 14 mousses, et 38 volontaires et soldats, en tout 243 hommes d'équipage, plus 10 volontaires absents et 24 matelots « qu'on croit qui rejoindront. » On remarquera la grande proportion des officiers majors et mariniers, aussi celle des volontaires : c'est qu'il importe d'avoir un excédant sur les chiffres nécessaires aux besoins propres du navire, en prévision des prises à conduire vers les ports les plus rapprochés.

La course ne fut pas heureuse. Parti de Brest le 13 décembre 1692, Duguay Trouin y rentrait le 14 avril 1693, et le lendemain deux petites prises, la *Fortune* de Copenhague, et l'*Ange-Gabriel*, de Suède, étaient déclarées à l'amirauté.

Cela n'empêcha pas Duguay Trouin d'obtenir du Roi un autre navire l'*Hercule*, frégate de 28 canons[1], qui avait déjà servi à la course. Je possède aussi le rôle de cet armement[2].

Officiers majors : Capitaine en second, Des Aunais Boscher (un parent de Duguay Trouin[3]); — lieutenants les sieurs de la Houssaye, de la Dorbelais Gouverneur, de la Vigne-Voisin ; — Enseignes, le chevalier de la Boulevene, le sieur de Grandchamps Payen, le sieur Desprairis Nicolle, le sieur de Rogon ; — aumônier (non désigné) : chirurgien major, le sieur Gautiers ; — écrivain du Roy, le sieur de Baujaye (je conserve l'orthographe des noms, telle qu'elle existe sur le rôle).

Officiers mariniers, (à peu près dans la même proportion que pour le *Profond*).

Matelots, 85 Français de toutes provenances, mais surtout des provinces de Normandie et de Bretagne, et 25 Hollandais ou Flamands.

Mousses, 15.

Volontaires et soldats, 40, venus d'un peu partout, même de l'intérieur du royaume ; plus, inscrits au dernier moment et arrivés de Saint-Malo, les volontaires dont les noms suivent : le chevalier

---

[1] Sur une déclaration de prise, l'*Hercule* est mentionné avec un port de 400 tonneaux, un armement de 32 canons et 260 hommes d'équipage. Voir plus loin.

[2] *Archives de l'amirauté de Brest.*

[3] Sa mère était née damoiselle Marguerite Boscher.

de Keringant, les sieurs Bérart,. Lhotellier, Deniau, J. B. Patier, François Gaillandin, J. L. de Périgaux, Fougeret (de Nantes), Nicolas Babé, François Goupin, Louis Penier, Horasse (sic) de Gouster, Sébastien Tropel, Allain Piednoir[1].

La croisière est établie à l'entrée de la Manche. L'*Hercule* capture d'abord quelques petits bâtiments. Mais pendant deux longs mois il ne se présente plus aucune voile. La mer semble déserte. Les vivres vont bientôt manquer ; il y a dans l'équipage une soixantaine de malades (le défaut d'hygiène et l'encombrement, sur tous les navires, la mauvaise qualité des vivres et leur insuffisance, sur la plupart des bâtiments armés par les particuliers, engendrent fréquemment des épidémies de typhus et de scorbut, au bout de quelques semaines de campagne). Les officiers pressent le capitaine de relâcher, les hommes murmurent. Mais Duguay Trouin ne peut se résoudre à rentrer sans quelque belle prise. Il résiste. C'est alors que, dans sa nervosité de jeune, suractivée par la contention de l'esprit, il a cette curieuse vision *télépathique* (l'on emploierait bien ce mot aujourd'hui), qu'il raconte en ses mémoires. Pendant que sur le pont, dans la batterie, les têtes s'échauffent par le découragement et le mécontentement, lui s'est jeté sur sa couchette, afin de prendre un léger repos. Dormait-il réellement ou plutôt ne traversa-t-il pas une sorte de phase somnambulique (les manifestations de l'état somnambulique ne sont pas très rares chez les adolescents)? Tout à coup on le voit accourir sur son gaillard, l'air joyeux, diriger ses regards sur un point de l'horizon, qu'aussitôt il montre du doigt à son monde : voilà le butin attendu ! ce sont deux riches vaisseaux qu'il a découverts « en songe », venant à lui. Et en effet, deux taches noires se dessinent, grossissent, apparaissent comme d'imposants navires. Les ennemis sont de force, tant mieux, ils seront enlevés avec plus de gloire. Ce sont deux vaisseaux marchands de nationalité anglaise, montés de 28 canons, qui reviennent de la Jamaïque avec une magnifique cargaison ; ils n'entendent pas se rendre sans combat et luttent crânement, ils

---

[1] Plus d'un nom, compris sur les rôles du *Profond* et de l'*Hercule* marqueront bientôt dans l'histoire de la course, autour de Saint-Malo et de Brest.

sont bien vite réduits et amarinés, conduits à Nantes, où Duguay
Trouin renouvelle ses vivres et met l'*Hercule* en carène (les bâtiments n'ont point de doublage, ou seulement un doublage de bois,
qui ne tarde guère à s'incruster de plantes et de coquilles marines,
le besoin de se débarrasser de parasites, qui diminuent la vitesse
de la marche, autant que celui des ravitaillements, est une cause
de la fréquence des relâches à cette époque). L'*Hercule* ressort,
fait une nouvelle prise et rentre à Brest en assez mauvais état. Duguay Trouin relate ainsi les péripéties de cette fin de course, dans sa
déclaration aux officiers de l'amirauté de Brest du 7 novembre 1693[1]:

« A comparu noble homme René Trouin sieur du Guay, capitaine commandant la frégatte du roy l'*Arculle* du port de 400 thon-
neaux ou environ, armée de 32 pièces de canons et autres menues
armes, équipée de 260 hommes d'équipage, armée en course suivant commission de Sa Majesté et de Monseigneur le duc de
Chaulnes, gouverneur de cette province, lequel nous a déclaré
qu'il sortit de cette rade pour faire la course sur les ennemis
de l'Etat au commencement du mois d'avril dernier, depuis lequel
temps il a fait plusieurs prises qu'il a menées tant à Saint-Malo, Morlaix, qu'à Nantes, et que le 14e d'octobre aussy dernier, ils sortirent
dudit lieu de Nantes pour continuer leur course et furent sur la
hauteur de Surlingue (Sorlingues), et le 24e dudit mois sur les
mesmes parages ils eurent mauvais temps tellement que les cous-
ture de son dit bastiment larguèrent (se relâchèrent, qui fist qu'il
faisoit beaucoup d'eau et fut obligé de le touer de deux pompes, ce
qui n'empescha pas qu'il ne tint tousjour la mer jusques au 4e de
ce mois qu'il eut cognoisance aux 8 heures du matin d'une flotte
de bastimens quy couroient le long de... ? d'Angleterre et au
même temps leur ayant donné chasse il en approcha un environ
les 10 à 11 heures du mesme jour et au mesme temps le print et
s'en rendit maître après luy avoir tiré un coup de canon pour le
faire amener et se rendre, ce qu'il fist sans résistance et incon-
tinent après son dit bastiment fist beaucoup d'eau, tellement qu'il
feut obligé d'estre à 3 pompes... et ensuite estant survenu un

[1] *Archives de l'amirauté de Brest.*

vaisseau de guerre pour secourir la flotte il engagea le déclarant à luy tirer sa vollée de canon et mousquetrye, pendant lequel temps le reste de la flotte s'en fut et ledit corsaire ennemi revira de bord, ce quy obligea le déclarant d'appareiller avecq sa prise pour se rendre au premier port de France veu comme dit est qu'il coulloit bas d'eau et est arrivé en cette rade le jour d'hier au soir, laquelle prise il laissa derrière luy veu qu'elle ne marchoit pas sy bien que ladite frégatte, et laquelle prise est pareillement entrée en cette rade le matin de ce jour... »

Signé : Duguay Trouin[1].

Les croisières sont courtes, 2 ou 3 mois, 4 au plus.

Duguay Trouin, malgré son affectivité, son amour pour les siens, ne vit que pour la mer et par la mer. L'*Hercule* a désarmé. Il monte sur une autre frégate du Roi, la *Diligente*, de 40 canons, comme les précédentes armée pour le compte de particuliers, et va croiser à l'embouchure du Tage (1694). Après avoir fait 3 prises et s'être caréné à Lisbonne, il est chargé par l'embassadeur français de prendre à son bord deux seigneurs portugais qu'une malheureuse affaire oblige à fuir de leur pays : il leur donne bientôt le spectacle d'un combat contre 4 vaisseaux de Flessingue de 20 à 30 canons, qui revenaient de Curaçao. Un seul accepte la lutte et est bientôt pris. Je ne veux pas diminuer la gloire de notre héros. En assail-

---

[1] La prise est la *Marguerite* de Dermouth, chargée de charbon de terre et de pierre à chaux. Maigre est le résultat de sa liquidation, malgré qu'il n'y ait sur son produit nul prélèvement pour le Roi. Le produit brut est de 1580 l., les frais pour parvenir à l'adjudication, ceux de justice, les droits du commissionnaire montent ensemble à 442 l. 16 s. 6 d. : il reste net 1137 l. 3 s. 6 d.; sur cette somme, retiré le 10ᵉ de l'amiral, dû au gouverneur de la province qui en exerce la charge, soit 144 l. 7 s., il reste 992 l., 16 s ; mais il y a encore à prélever « le liard pour livre pour la rédemption des captifs » chez les barbaresques, 12 l. 8 s. 4 d. Il reste en définitive 980 livres 8 sous 4 deniers à partager entre les bourgeois propriétaires et armateurs de lad. frégate l'*Herculle*, capitaine et équipage d'icelle ainsy que chacun se trouvera fondé suivant l'ordinaire.» Le tiers revient à l'équipage, un peu plus de 300 l., dont la plus grosse part va au capitaine et aux officiers : les maitres ne toucheront guère qu'une livre, les matelots quelques sous ! Qu'on juge par là des aleas de la course et de la trop légitime excuse que pouvaient rencontrer dans l'opinion les équipages corsaires, lorsqu'ils se laissaient aller, encore chauds d'un combat, à piller quelques effets sur des prises, destinées, mêmes riches, à leur rapporter de trop faibles profits.

lant quatre navires qui pouvaient *tous ensemble* réunir plus de 90
canons et un chiffre d'hommes presque égal à celui de son équipage, il montrait certes de la vaillance ; mais ses adversaires
n'étaient que des marchands, leur allure dénotait leur nature, qui
ne pouvait échapper à un œil exercé, et, avec les bâtiments de
cette espèce, la résistance n'était d'ordinaire jamais longue ni
périlleuse pour l'agresseur, mais elle l'était quelquefois. Il ne me
convient pas de sacrifier la vérité historique à une juste admiration pour un compatriote et j'ai l'horreur des panégyristes
académiques et des historiens redondants qui s'imaginent accroître
les rayons d'une auréole en y introduisant les rayons faux émanés
de l'ignorance ou de la mauvaise foi[1].

Duguay Trouin débarque ses passagers à Saint-Malo, remet à la
voile, rencontre une flotille de charbonniers escortée par un bâtiment
de guerre de 50 canons. Risquer un combat au début d'une course
pour une si vile cargaison ne semble guère sage à Duguay Trouin ;
mais, avec l'irréflexion du jeune homme, pour se donner le plaisir
de témoigner son mépris à un Anglais, il envoie au vaisseau une
volée de canon : il avait oublié qu'il portait lui-même à sa corne le
pavillon anglais, et il venait de commettre une des plus graves
infractions aux lois de la guerre ; celles-ci permettaient d'approcher
'ennemi sous son propre pavillon, mais elles considéraient comme
une félonie de tirer le coup d'annonce ou d'avertissement d'attaque, à
plus forte raison, d'attaquer sous un autre pavillon que le national.
L'adversaire ne riposta pas, mais le hasard lui offrira bientôt une
cruelle revanche. A 15 jours de là, la *Diligente* se trouve enveloppée
par une escadre anglaise de 6 vaisseaux de guerre ; son capitaine
essaie de faire une trouée, aborde résolument l'un deux, *le Monk*,
échoue dans sa tentative, et, blessé, après avoir perdu beaucoup de
monde, est obligé de se rendre : il est emmené à Plymouth, où
d'ailleurs chacun le traita avec égards.

---

[1] Il n'est pas inutile de rappeler une fois pour toutes, que l'expression
Vaisseau n'implique pas la signification d'un navire *de force* : on donne ce
nom à tous les bâtiments, comme celui de *fréga'e* à tous les bâtiments légers
d'une certaine importance. Cela ne traduit jamais une catégorie d'armement
bien spécialisée.

Tel est le sort des armes ; l'aventure était désagréable : elle faillit tourner au tragique à l'arrivée du vaisseau sur lequel Dugay Trouin avait tiré, ayant encore à sa corne le pavillon d'Angleterre. Reconnu par le capitaine, dénoncé à l'amirauté, notre Malouin eût expié durement son imprudence, si les doux sentiments d'une jeune insulaire à son égard ne lui avaient ménagé les moyens d'une fuite opportune. Duguay Trouin s'échappe avec son maître d'équipage, son chirugien et son valet, sur une petite chaloupe achetée à un Suédois, débarque sur la côte de Tréguier, regagne Saint-Malo, et ne songe qu'à tirer prompte vengeance de sa captivité.

La course battait alors son plein. Dunkerque, le Havre, Dieppe, Granville, Saint-Malo, Brest, sur les côtes, de la Manche ; Nantes, Bordeaux, Bayonne, sur celles du golfe de Gascogne, lançaient sur l'Océan d'innombrables et hardis corsaires. Dans les ports de guerre, les vaisseaux du roi étaient armés en course, sous le commandement d'officiers de marine ou de capitaines corsaires. Pontchartrain n'estimait pas encore que l'effort fut suffisant dans cette voie. Il écrivait de tous côtés pour stimuler le zéle des intendants ; à M. Desclouzeaux, il adressait la lettre suivante, bien caractéristique[1] : « Sa Majesté désire qu'on cherche les moyens convenables pour augmenter le nombre (des bâtiments de course), ainsi je ne doute pas que vous n'y donniez tous vos soins dans l'étendue de votre département. Il me semble que le peu de corsaires qui out armé au port de Brest ont tous esté heureux, et leur exemple devrait en attirer d'autres. Vous travaillerez, s'il vous plaît, à former pour cela des sociétés et vous me proposerez vos veues. La protection particulière que le Roy veut bien donner à la course ne permet pas de douter du succès et les récompenses dont Sa Majesté a résolu d'honorer les actions d'éclat et de distinction qui s'y feront doivent exciter le zèle et la vivacité de tous ceux qui sont à portée de les pouvoir mériter. »

De fait, la cour et les particuliers trouvent bénéfice en ces opérations, au moins dans cette période. Le Roi n'a pas à subvenir aux dépenses de réparations et d'entretien des vaisseaux qu'il prête,

[1] *Archives de l'Intendance.*

dépenses qui sont à la charge des armateurs ; il peut réclamer le cinquième du produit net des prises. De son côté, l'amiral (c'est encore le duc de Chaulnes, gouverneur de Bretagne qui en remplit la charge, mais cette année même la charge d'amiral de France sera donnée au comte de Toulouse, qui l'exercera bientôt en connexion avec le gouvernement de Bretagne, et non sans honneur, grâce à son éducateur, M. de Valincourt), a droit au 10e du même produit. La part faite pour les invalides, le tiers réservé aux équipages, il reste encore, malgré les prélèvements, quelques fois assez lourds, de messieurs les officiers de justice, des sommes importantes à distribuer entre les intéressés. Qu'on en juge par cet état des prises amenées au port de Brest pendant l'année 1694[1], au port de Brest, que Pontchartrain signale comme l'un de ceux les moins entraînés dans le mouvement des opérations :

Marchandises confisquées de la prise le *Christianus-Quintus*, faite par M. de Lacombe.	130.000	La *Bonne-Volonté* de Chester, prise du corsaire de Saint-Malo, le *Grand-Prieur*, capitaine Quemo	19.819
Le *Saint-Joseph* de Londres, prise des frégates de Saint-Malo, commandées par le sieur Beauvais Leser, le *Saint-Laurent* et le *Marquis*.	5.251	La *Notre-Dame de la Chandeleur*, prise espagnole de la frégate l'*Entreprenante*, de Brest, capitaine Julien (Saupin, armateur...	385
Le *Samuel*, de Londres, prise du vaisseau du Roi *Le Bon*, commandé par M. Renau	905	La *Vierge* de Londres prise de la *Dorothée* de Roscoff, capitaine Roquefeuille	862
		La *Providence* de Bristol, prise de la	

[1] Cet état, emprunté aux archives de l'amirauté de Brest, est dressé pour le duc de Chaulnes, afin de lui donner une idée approximative des sommes qui lui doivent revenir. Il ne comprend que les prises déjà en cours de liquidation. Beaucoup d'autres, mentionnées en liasses ou sur registres, ne s'y trouvent pas inscrites.

Marie – Ponlcharlrain, de Saint-Malo, capitaine La Ronçay-Arson.................. 11.033

Le *Samuel-Marie* de Bristol, prise de la frégate de Saint-Malo, le *Diamant*, capitaine Camus............... 22.300

Le *Lion*, de Plymouth, prise de la frégate le *Diamant*, capitaine Du Clos Hubert. 5.100

Le *Saint-Bernard*, prise du même (déchargé à Nantes)..... p⁻ mémoire

Le *Prince Frédérick*, prise du même...... 22.219

Le *Matin?* prise de la frégate l'*Hercule*, capitaine Duguay Trouin.............. 7.180

L'*Increst* de Bristol, prise de la frégate l'*Amitié*, de saint-Malo, capitaine Walsh..... 13.047

L'*Anne* de Londres, prise de la *Dorothée*, de Roscoff, capitaine de Kersauson........ 6.081

La *Prospérité*, prise anglaise du même... 6.223

Caiche anglaise sans nom, prise par la frégate La *Joyeuse*, capitaine Dufresne Raoul. 200

La *Branche-d'olivier*, prise du même... .. 5.844

L'*Anne* de Swensey,

prise du *Pêcheur du Roy* de Brest, capitaine de Neufville......... 1.000

L'*Olive*, prise du même............. 4.028

L'*Heureux – Retour*, de Londres, prise de la frégate le *Saint-Luc* de Saint-Malo, capitaine de Moulinneuf Gervais........... 6.385

Le *Joseph et Jacques* de Bristol, prise du même. 8.282

Le *Jean* de Dublin, prise du *Saint-Philippe* de Nantes, capitaine Jan Crabose........ 9.784

L'*Infante* d'Amsterdam, prise de la frégate *La Comtesse de Rével*, de Saint-Malo, capitaine Doublet.... 5.886

L'*Hirondelle* de Dublin, prise de la frégate le *Polastron*, de Saint-Malo, capitaine Beauvais............... 7.964

Le *Samuel-Georges*, de Bristol, prise de la frégate la *Pucelle d'Orléans*, de Saint-Malo, capitaine De Léjar... 3.555

La *Galère de Ligourne*, prise du *Jean* de Grandville....... 9.275

Le *Bon-succès*, prise du *Vauban*, capitaine La Bouessière........ 20.830

La *Paix* d'Amsterdam, prise du *Polastron*.............. 18.560	enlevée par 3 prisonniers irlandais, évadés d'Angleterre........ 5.455
L'*Avanture* de Cork,	

L'heure était favorable. Le sieur de la Barbinais connaissait la valeur du temps comme celle de l'argent. Il ne pouvait interrompre les opérations de son commerce, tout entier basé sur la course. Soit qu'il comptàt remplacer lui-même son frère, soit qu'il eut, en prévision de son prochain retour, songé à lui ménager un navire prêt à mettre à la voile, il sollicita le commandement de la frégate du Roi le *François*, de 48 canons[1]. Il l'avait équipée très rapidement et elle était mouillée en rade de la Rochelle, quand Duguay Trouin reparut à Saint-Malo : vite, il court joindre la frégate que son frère lui annonce être à sa disposition, « monte dessus le lendemain » et cingle vers la haute mer.

Ici, une rectification aux mémoires, qui démontre bien qu'ils furent composés à une époque déjà un peu éloignée des événements. On y trouve ce qui va suivre sous la date de 1694, alors que la véritable date est 1695, d'après les déclarations faites à l'amirauté de Brest. Duguay Trouin, ainsi qu'il l'a écrit, était impatient de prendre sa revanche ; il en alla chercher l'occasion vers les côtes d'Angleterre et d'Irlande et joua de bonheur. Il prend successivement 5 vaisseaux marchands chargés de sucre et de tabac, puis un 6° chargé de màts et de pelleteries, venant de la Nouvelle-Angleterre et séparés d'une flotte qu'escortaient deux vaisseaux de guerre, le *Sans-Pareil*[2], de 50 canons, et le *Boston*, de 38. Ces deux vaisseaux, il les rencontre peu après, et loin de chercher à éviter un combat, qui à plus d'un brave cùt pu sembler trop inégal, il va droit à

[1] Le navire et la commission de course étaient toujours accordés au nom du capitaine, sous une caution uniforme, de 15.000 l., garantie par les armateurs.

[2] Ou *Nonsuch*. Voici comment J. Allen (*Battles of the british navy*, Londres, 1852, T. I. p. 91) raconte l'affaire. « Le 14 janvier(1695)le *Sans-Pareil* (*nonsuch*), de 4ᵉ rang, capitaine Thomas Tayler, fut pris environ 70 lieues ouest des Sorlingues (le capitaine et beaucoup d'hommes de son équipage étant tués et le navire démàté), par un navire français de 50 canons. » De Duguay Trouin il n'est pas fait mention.

l'ennemi. Il dirige tout le feu de ses canons sur le *Boston*, le démâte et, certain de le retrouver, fond sur le *Sans-Pareil* : trois fois il revient à l'abordage et à la dernière seulement, après un affreux carnage d'hommes, il reste maître du navire, triomphe d'autant plus glorieux que le capitaine anglais qu'il vient de contraindre à se rendre à été le vainqueur de Jean Bart et de Forbin dans une précédente rencontre : les commissions de ces deux braves marins sont trouvées parmi les papiers de l'Anglais[1].

Cette action, dit Duguay Trouin en ses mémoires, lui valut du Roi une épée d'honneur et de M. de Pontchartrain une aimable lettre. En même temps, il reçut l'ordre de rejoindre l'escadre de M. le marquis de Nesmond, pour coopérer, sous son commandement, à une importante croisière dans la Manche. Rien dans la correspondance du secrétaire d'Etat à la marine avec l'Intendant de Brest ne dénote encore qu'on a les yeux sur le jeune capitaine, qu'on devine en lui l'étoffe d'un officier d'élite. On y relève seulement l'indice d'un certain mécontentement parmi les gens de son équipage, arrivé jusqu'en cour. Il y a beaucoup de déserteurs. L'abbé Poulain fait un mérite à son héros d'avoir su maintenir sur ses bords « une discipline de fer ; » elle était sans doute nécessaire pour éviter l'insubordination et les désordres parmi des gens de recrutement hétérogène, mais elle n'était supportable qu'à la condition de paraître juste. Or, elle n'apparaissait pas toujours sous cet aspect, à des pauvres diables qui s'étaient engagés avec des conditions formelles, très souvent mal exécutées. Les armateurs fournissaient des vivres de mauvaise qualité et parcimonieusement, les comptes de salaires et les règlements de parts de prises traînaient en longueur, et les capitaines, seuls intermédiaires entre les matelots et les armateurs, semblaient responsables vis-à-vis de

---

[1] En 1789, après un début de croisière heureux, Jean Bart et Forbin, montant l'un une frégate de 24 canons, l'autre une frégate de 16, avaient eu à soutenir, par le travers de l'île de Wight, un combat des plus acharnés contre deux vaisseaux de guerre anglais de 50 canons ; entourés de morts et de blessés, blessés eux-mêmes, ils avaient été forcés de se rendre ; étroitement gardés à Plymouth, ils réussirent pourtant à s'évader et, en rentrant en France, reçurent le brevet de capitaine de vaisseau. Voir Guérin, *Hist. marit.*, III, p. 445.

ceux-là des façons de ces derniers. Dans une association aussi intime que celle des Trouin, il était difficile que René échappât à l'influence... commerciale de son frère Luc (de la Barbinais). La maison est économe, elle a souvent des discussions d'intérêts avec ses rivales, des chicanes avec ses équipages ; elle est pleine de désinvolture vis-à-vis de ceux dont elle n'a plus besoin : Mlle Trouin, qui partage les occupations et les idées du sieur de la Barbinais et agit en son nom lorsqu'il s'absente de Saint-Malo, engage un jour des matelots pour Brest ; ceux-ci, arrivés au lieu de leur destination, ne trouvent pas le navire, ils ne peuvent obtenir une indemnité « de conduite » pour leur retour, quelques livres ! Duguay Trouin lui-même, un peu plus tard, a un procès devant l'amirauté de Brest, à propos de salaires non payés que lui réclame son cuisinier[1] ; il passe d'autre part, au dire de Forbin, pour un peu brutal (son caractère violent et emporté donne prise à la médisance sous ce rapport). Il n'est pas surprenant qu'en de telles conditions, il y ait eu des désertions. Il s'en produisit au Port-Louis, où le *François* avait amené le *Sans-Pareil* et il faut croire que M. Desclouzeaux les estima trop bien motivées, puisqu'il accueillit les deserteurs et les employa dans les batteries qu'il faisait alors armer autour de Brest. Toutefois, M. de Pontchartrain n'approuva pas cette indulgence et ordonna le renvoi des hommes à leur bord[2].

Pour la première fois, Duguay Trouin va servir sous les ordres d'un officier de la marine royale. A 22 ans, il n'a pas à en être humilié, même après l'affaire brillante qu'il vient de soutenir, car il a pour chef une illustration maritime. L'escadre de 6 vaisseaux ou frégates dont il fait partie croise à l'ouvert de la Manche. Elle y rencontre trois vaisseaux de guerre anglais. Duguay Trouin, tout bouillant de se signaler en si belle compagnie, court sur l'un, de 76 canons, et déjà s'apprête à jeter sur lui ses grappins d'abordage, lorsque ses officiers lui font remarquer que le commandant n'a pas donné le signal d'attaque. Il s'arrête frémissant, mais soumis : l'impétuosité lui avait fait oublier et le tact et la discipline. Quelques ins-

---

[1] *Annuaire de Brest*, pour 1896, p. 35.
[2] *Arch. de l'Intendance*.

lants après, le combat s'engageait très acharné. Il se terminait bientôt par un succès et M. de Nesmond, paternel et franc gentilhomme, s'empressa de prodiguer les plus chaleureux éloges à un lieutenant dont il appréciait le talent et le zèle ; il masqua sa petite leçon sous l'excuse d'une méprise et la fit oublier par ses félicitations[1].

L'ardeur de Duguay Trouin n'avait que trop sujet d'être poussée jusqu'au paroxysme de la rage. Car à ce moment les Anglais renouvelaient leurs tentatives contre nos côtes. Saint-Malo éprouvait un terrible bombardement, mais encore infructueux pour l'ennemi, grâce à l'énergie des soldats de la garnison, des milices et des habitants : on jugera de la résistance par la consommation de poudre que l'on fit dans la place, plus de 5o milliers[2].

On reconnut sans doute qu'un homme du caractère de Duguay Trouin était plus apte à rendre d'utiles services laissé à sa propre initiative, que subordonné à un chef aux habitudes réglées, aux méthodes systématiques. On lui continua le commandement du *François* et on le destina à aller disperser les baleiniers hollandais dans les mers du Nord, en compagnie de M. de Beaubriant, capitaine du *Fortuné*. La saison était trop avancée pour que la croisière pût être accomplie ; les deux bâtiments, après trois mois de mer, dépourvus, sans vivres, se préparaient à rentrer assez tristement, lorsque la fortune leur sourit sous la forme de trois vaisseaux anglais qui venaient des Indes Orientales avec de riches cargaisons : ils sont bientôt réduits et conduits à Port-Louis. Je pense qu'il faut rapporter à cette campagne la reprise d'un bâtiment brestois, la *Providence*, sur un corsaire de Flessingue, mentionnée sur un registre de déclarations de l'amirauté de Brest à la date du 11 juillet, et aussi certain passage d'une lettre de Pontchartrain à M. Desclouzeaux, du 23 juillet, où le secrétaire d'Etat, tout en se montrant bien aise de l'arrivée du *François*, trouve « facheux qu'il ait été pris quelques barques sous son escorte. »

Duguay Trouin émerge. Il n'est pas, comme Jean Bart, un in-

---

[1] Un des fils de M. de Nesmond servira un peu plus tard sous les ordres de Duguay Trouin, le chevalier de Nesmond ; Duguay Trouin ne négligera aucune occasion de lui marquer la respectueuse estime qu'il a conservée pour son père.

[2] Lettre de Pontchartrain à M Desclouzeaux, *Arch. de l'Intendance.*

dégrossi, dédaigneux des choses de la courtisanerie, il sait que les
services gagnent à être rappelés et que les protections ne sont pas
inutiles pour s'avancer. Il se rend à Paris « pour se faire connaître
à M. le comte de Toulouse et à M. de Pontchartrain. » Il est bien
accueilli et même il a la chance inespérée d'être présenté au roi.
Louis XIV était le souverain charmeur par excellence, lorsqu'il le
voulait être. Duguay-Trouin éprouve pour le monarque un tel débordement d'enthousiasme, qu'il prend « tout à coup » la réso-
lution d'aller au Port-Louis, armer le *Sans-Pareil*, afin de se signaler par de nouveaux exploits.

La campagne de 1696 est marquée par des événements parti-
culièrement intéressants au point de vue de l'histoire biographique
de Duguay Trouin, et qui sont ou supprimés ou modifiés dans
ses mémoires. Il sera donc nécessaire d'y insister.

Le *Sans-Pareil* est cette frégate précédemment enlevée aux
Anglais avec un si bel entrain ; Duguay Trouin porte son armement à 40 canons[1] ; il met à la voile de Port-Louis le 7 juillet, pour
établir sa croisière sur les côtes d'Espagne et tacher de surprendre
un convoi anglo-hollandais, qui devait sortir de Vigo. Il se présente devant cette ville sous pavillon anglais. Deux bâtiments,
trompés par ces couleurs, non moins que par les formes du *Sans-
Pareil* et les manœuvres à la façon anglaise qu'affecte d'exécuter
son capitaine, viennent se ranger sous son escorte..., les moutons
venant se jeter dans la gueule du loup, qui les croque ! Les prises
sont précieuses en ce moment, elles sont chargées de mâts, dont
nos arsenaux manquent. Mais la difficulté est de les conserver.
Duguay Trouin tombe avec elles au milieu de l'armée navale ennemie : sans hésiter, toujours sous pavillon anglais, il se joint à
celle-ci attend, pour s'échapper, une occasion favorable, et le moment
venu, s'éloigne, après un combat de courte durée avec une frégate qui l'a deviné. Il sauve chemin faisant deux Olennois chassés par

---

[1] Sur un certificat du sieur Chartier, maître canonnier, daté de Brest, le 2
septembre 1696, c'est-à-dire établi au retour, à propos d'une répartition de parts
de prises faites en commun par plusieurs corsaires (les parts étaient réglées pro-
portionnellement au nombre et au calibre des canons et au chiffre des équipages).
Il est fait mention de 37 canons, 18 de 10 livres de balles, 17 de 6, et 2 de 4.

des Hollandais, et rentre au Port-Louis le 28 juillet avec ses prises.

Les qualités de notre marin se dessinent de plus en plus, il devient manœuvrier, sans que l'audace perde rien dans le progrès du professionnel. Mais il touche à l'heure critique où, n'ayant pas encore tempéré l'exubérance du jeune homme, heureux, plein de confiance en son étoile, probablement un peu hâbleur, tout au moins inconscient de cette immodestie que donne parfois le sentiment d'un vrai mérite, il risquera de blesser certaines susceptibilités et s'attirera de dangereuses jalousies. Parmi les officiers du grand corps, il y en a qui ne voient pas d'un bon œil ces capitaines corsaires, qui semblent effacer leur valeur sous leurs succès. Tout justement, il y a au mouillage de Groix[1], au moment où le *Sans-Pareil* se dirige vers le Port-Louis, un bâtiment d'assez piètre mine, qui, ironiquement, l'appelle à la voix, laisse croire qu'il n'est qu'un pauvre corsaire de Bayonne, et brusquement hisse la flamme de guerre et l'appuie de 2 coups de canon. C'est un navire du Roi, l'*Entreprenant*, commandé par M. de Feuquières ! L'officier de marine, à la vue d'un vaisseau de meilleure mine que le sien, commandé par un tout jeune homme qui, naïvement peut-être, a fait preuve de quelque orgueil en sa conversation de bord à bord, s'abandonne à un mauvais mouvement : il ordonne à Duguay Trouin de monter à son bord, le questionne avec insolence, essaie de le pousser à bout, va jusqu'à le menacer « de lui faire donner la cale », le supplice ignominieux et cruel réservé aux plus détestables matelots[2]. Par un incroyable effort de la volonté, Duguay

---

[1] Ou Groa, et non Gorée, comme il est dit dans l'ouvrage d'E. Sue, où il est en outre commis une erreur de date, rectifiée par Cunat.

[2] M. de Feuquières était d'ailleurs un excellent officier.

Une semblable aventure avait donné lieu en 1691 à une plainte des armateurs de Saint-Malo contre un autre officier de marine, le sieur Graton, qui avait poussé les choses plus loin et fait donner la cale à un de leurs capitaines. Les officiers de marine ne pouvaient s'habituer à voir dans un capitaine corsaire autre chose qu'un matelot, et ils estimaient qu'en cas de manquement ils avaient tous droits de leur infliger le dur châtiment qu'on pouvait ordonner contre un simple matelot. M. de Graton, aussi bon officier, en fut quitte pour un blâme.

« Versailles 15 août 1691 (A. M. Desclouzeaux) Je vois par un placet présenté par les armateurs de Saint-Malo qu'ils se plaignent des mauvais traitements que le sieur Graton a fait à un de leurs capitaines auquel il a fait donner la cale

Trouin refrène les colères qui l'agitent et dont les suites auraient
pu être si graves. Il s'éloigne, sans avoir pourtant fait aucun sacri-
fice à sa dignité, disant simplement à l'officier de marine qu'il
rendrait compte à M. de Pontchartrain.

Ce qu'il fit dans une lettre citée par E. Sue, et dont je reproduirai
d'autant plus volontiers le passage saillant que le document est
peu connu. (Les mémoires ne parlent pas de l'incident.)

La lettre est du 3o juillet (non du 3o mai,... . « ... On me con-
traignit sans réplique de monter à bord, où étant, le capitaine, loin
de m'écouter, me menaça avec beaucoup de violence de me faire
donner la cale. Cependant, je lui protestai, comme il était vrai
que nous l'avions cru véritablement corsaire et de Bayonne. (De là
le gros manquement, un défaut de salut de pavillon !) Cette me-
nace, si éloignée de ce que je crois dû à mon caractère, m'aurait
fait tomber dans des mouvements qu'on ne peut sans honte refuser
à l'honneur, si, toujours rempli de mon devoir, je n'avais, tout
couvert de cet affront, fait précéder à mon honneur la soumission
aux ordres du Roi en recevant de ses officiers et sur ses vaisseaux
tout ce qu'on avait pu me dire de plus outrageant, renfermant
toute ma défense à lui dire que je m'en plaindrais à Votre Gran-
deur, dans l'équité de laquelle je mettais toute ma confiance..... »

On fit le silence sur cette déplorable aventure et les événements
se chargèrent bientôt d'offrir à Duguay Trouin les plus amples
dédommagements d'une aussi sanglante injure.

Le temps de se joindre, le 12 août, avec la petite frégate la *Léonora*,
dont il avait donné le commandement à son frère Etienne (âgé de
19 ans), et Duguay Trouin reprend sa course vers la côte de Biscaye.

Cette course présente un épisode fort triste, dont le récit diffère,
dans les mémoires, de la déclaration signée par devant les officiers
de l'amirauté de Brest, déclaration jusqu'ici ignorée et d'une
grande importance : le document rectifie ou fixe des dates et il

sous prétexte que pour le saluer il avait tiré un coup (de canon) à balle. J'en ai
rendu compte au Roy et comme cette violence a esté très désagréable à **Sa Majesté**,
elle veut que vous en fassiez une sévère réprimande à cet officier, et que vous
luy expliquiez que sans les bonnes relations qu'elle a eu de luy il auroit esté
cassé sur le champ... » Pontchartrain. *Arch. de l'Intendance.*

découvre à nu le trop véridique mouvement de violence ou de
jactance imprudente, qui coûta au capitaine du *Sans-Pareil* la vie
d'un frère chéri ; je le reproduis donc *in extenso* ; qu'on veuille
bien le comparer au récit des mémoires authentiques, donné par
l'abbé Poulain.[1]

« Du 21ᵉ jour de septembre 1696, devant nous lieutenant particulier de l'amirauté de Léon, M. le Procureur du Roy présent,
ayant pour adjoint le soubssignant commis juré au greffe de ce
siège.

« A comparu le sieur Duguay Trouin, capitaine commandant la
frégatte le *Sans-Pareil*, armé en course, ayant 40 pièces de canons et
deux cent soixante hommes d'équipage, suivant commission de
Monseigneur l'admiral deubment enregistrée au greffe de l'admirauté de Port-Louis dépendant de l'admirauté de Vannes le deu-
xiesme juillet dernier.

« Lequel nous a déclaré qu'estant arrivé à la rade de Port-Louis
le 28ᵉ dudit mois audit an il auroit mené deux prises hollandoises
et auroit fait sa déclaration devant les juges de l'admirauté, et le
8ᵉ du mois d'aoust dernier il auroit apareillé et fait route pour
Brest, estant arrivé le 12ᵉ à Camaret pour se joindre avec la
Léonora commandé par le sieur Trouin son frère cy devant capitaine de ladite frégatte. Ils auroient apareillez et fait routte vers les
costes d'Espaigne où ils arrivèrent le 21ᵉ dudit mois et mouillèrent
dans la radde des isles de Bayonne et le 23ᵉ ayant apris par des
pescheurs qui estoient à la pesche qu'il y avoit des vaisseaux enne-
mys au port Marin ils appareillèrent pour faire routte jusques audit
lieu où ils mouillèrent le mesme jour à une porté de fuzil de la ville
et du fort. Ils trouvèrent des vaisseaux biscayens qui estoient mouillez
en ladite rade. Les capitaines vinrent incontinant au bord de ladite
frégatte le *Sans-Pareil* ; y estans on leur auroit demandé à veoir
leur passeport ; ils auroient dit les avoir à leur bord, ce que
voyant ledit sieur Duguay Trouin, capitaine commandant ladite
frégatte, auroit envoyé un des officiers de son bord pour les vizitter
dans leurs vaisseaux, ce qu'ayant fait il leur auroit demandé à veoir

[1] L. c., p. 297.

leur passeport, ce qu'ils auroient fait et les ayant veu il c'est trouvé qu'ils avoient passeport françois. Et la nuict estant survenue, ne pouvant point appareiller, le dit sieur Duguay Troin envoya demander des rafraichissemens au gouverneur dudit lieu par un des capitaines des Biscayens et en même temps ledit sieur Duguay fit amener son pavillon anglois et arbora pavillon françois avec le coup de canon d'assurance qu'il fit tirer. Quelque temps après le capitaine biscayen revient à bord de ladite frégatte le *Sans-Pareil* avec quelque peu de rafraichissement et une lettre du gouverneur par laquelle il représentoit la mizère dudit lieu et que cependant il tacheroit de leur envoyer le landemain au matin ce qu'il pouroit de rafraichissement, et voyant qu'il n'en faisoit rien ils appareillèrent et tirèrent sur le fort et sur la ville environ 100 coups de canons-lesquels remarquèrent leur avoir fait abandonner le fort, après quoy ils furent mouiller le même jour vis-à-vis les isles de Bayonne, et le lendemain 25e ils envoyèrent un détachement de 70 hommes à terre, lesquels se batirent contre les Espagnolles pendant 5 à 6 h. et leur ayant fait abandonner plusieurs retranchemens les repoussèrent jusqu'au hault de la montaigne où ils en tuèrent plusieurs et amenèrent avec eux 10 ou douze prisonniers et on fist un feu de part et d'autre considérable. Ils leurs brullèrent un village. Ledit sieur Trouin qui les commandoit y fut blessé à mort ayant reçu un coup de fuzil qui luy traversoit le corps, mourut le landemain 26e dudit mois et le 27e en suivant ils arrivèrent à Vianne ville du Portugal où ils firent inhumer le corps dudit sieur Trouin dans l'église paroissiale dudit lieu. Ils appareillèrent de ladite rade le landemain pour croizer le long de ladite coste et le 3e septembre ils aperceurent deux navires espagnolles qui paroissent y avoir à chacun 30 pièces de canon et après les avoir joint ledit sieur Duguay Trouin fit commandement à un des capitaines de ses deux fregattes de venir à son bord avec ses papiers et l'ayant interrogé à la manière accoustumée luy demanda s'il n'avoit point passeport de France. Il luy répondit qu'il n'en avoit point et incontinant ledit sieur Duguay amena pavillon anglois et après avoir arboré pavillon françois luy tira une vollée de coups de canon et de mousquetterie après quoy ils amenèrent leurs pavillons espagnolles. Ledit capitaine, estant resté à bord de ladite fregatte le *Sans-Pareil*, déclara qu'il avoit un passeport de France et ayant envoyé des officiers à chasque bord pour les visiter ils trouvèrent leurs passeports françois en bonne forme, ce que voyant on renvoya ledit capitaine en son bord, y estant arrivé, ils continuèrent leur routte pour Lisbonne.

« Déclare de plus que le 14° dudit mois ils firent rencontre de la fregatte nommée la *Ville-de-Saint-Malo* qui a continué sa course avec eux dans les parages ordinaires des costes d'Espagne. Après quoy ils firent routte vers Surlingue et firent rencontre d'une frégatte de 18 pièces de canons à laquelle ils donnèrent chasse le 19° dudit mois pendant quatre heures de temps et l'ayant joint sous pavillon anglois il lui fit commandement de mettre son canot à la mer pour venir à bord de ladite frégatte le *Sans-Pareil* ; mais sur ce que la mer estoit impétueuse le capitaine dudit vaisseau répondit qu'il ne le pouvoit, ce que veu par ledit sieur Duguay il fit mettre le sien armé de six hommes commandés par les sieurs Kerigau et Lautelier, lequel fut à bord de ladite prise, où estant arrivés, ladite frégatte portant toujours pavillon anglois, l'amena et en l'instant arbora celuy de France, laquelle chaloupe se rendist maistre sans autre resistance. Après quoy le canot de laditte fregatte estant brisé contre le bord de la prise il fut obligé de mettre sa chaloupe avec son écrivain de roy, lequel estant à bord prit les papiers des mains du capitaine flessinguois au nombre de trente-huit pièces avec un livre couvert de blœuff. Après quoy les prisonniers flessinguois furent envoyés à bord de ladite fregatte avec iceux papiers qu'il dépose présentement en ce greffe chiffré dudit sieur Trouin, laquelle prise s'est trouvée chargée de cacao avec chocolats et autres marchandises dont il ne peut scavoir les qualitez ni quantitez. Après quoy il donna ordre audit sieur de Keringant de le suivre pour se rendre au premier port de France, ce qu'ils ont fait ensemble en la rade de ce port le lendemain 20° de ce mois et est sa déclaration qu'il affirme contenir vérité et a signé.

DUGUAY TROUIN.

« De laquelle déclaration nous avons décerné acte ordonné qu'il
sera présentement par nous descendu à bord de laditte prise aux fins
de procéder à l'invantaire des agrés et apparaux d'icelle, et esta-
blissement de gardien et autrement ainsi qu'il sera veu appartenir
lesdits jour et an. »

Signé : Souisse *(lieutenant particulier).*
De Basserode *(procureur du Roi).*
Peguilhem *(commis au greffe)*[1].

Duguay Trouin n'a alors que 23 ans et demi. Sa déclaration est
l'aveu naïf d'un entraînement malheureux dont il n'a pas eu cons-
cience. Sans doute, il était en droit de tirer le canon contre une
ville ennemie ; mais il n'était pas généreux d'agir de la sorte après
avoir demandé des rafraîchissements comme un service au gouverneur, sans tenir compte de la misère du lieu, sans agression préa-
lable ; il est manifeste que les Espagnols ont pris les armes pour
se défendre contre une brutale attaque, à laquelle ils ne devaient
pas s'attendre ; la ville d'ailleurs n'est pas une place de guerre, et
la résistance est improvisée par des milices ou des habitants qui
se groupent autour d'une poignée de soldats, chargés de la garde
d'un petit fortin. A parler franc, je trouve donc la déclaration de
Duguay Trouin comme l'expression d'un léger cynisme : cette fois,
s'est conduit en soudard, non pas en marin généreux. L'a-t-il
entrevu, à l'époque où il rédigea ses mémoires, ou avait-il perdu
e souvenir de certains détails, je n'oserais trancher la question, je
me borne à la constatation d'un fait, que je livre sans autres réflexions à l'attention des historiens et aussi des psychologues.

En haut lieu, l'expédition ne déplut point. M. de Pontchartrain
écrivait à l'Intendant de Brest, le 26 septembre[2], « qu'il était satisfait de l'action de vigueur du sieur Duguay Trouin sur la coste
d'Espagne. » Mais le témoignage de la satisfaction du ministre
s'arrêta là ; le 30 octobre, Pontchartrain écrivait à l'intendant :
« le sieur Duguay Trouin qui commande le *Sans-Pareil* m'a escrit

[1] *Arch. de l'amirauté de Brest.*
[2] *Arch. de l'Intendance*

pour avoir un vaisseau de Sa Majesté pour faire la course ; s'il est encore à Brest, vous pouvez l'advertir qu'elle ne scauroit lui en accorder à présent. »

M. Desclouzeaux s'intéressait au jeune capitaine. Il obtint des armateurs de M. de Nesmond la cession du *Saint-Jacques des Victoires* (de 48 canons) et, à son instigation, une nouvelle société, dans laquelle figuraient des personnes de l'administration civile et même des officiers de la marine, fit les frais du réarmement de ce vaisseau, du *Sans-Pareil* et de la *Léonora* ; Duguay Trouin eut le commandement de cette escadrille ; Boscher, son ancien second à bord du *Sans-Pareil,* le commandement particulier de ce navire. Tout le monde avait confiance et cette confiance ne tarda pas à être justifiée par l'un des plus beaux coups d'audace froide et réfléchie..., lucrative aussi, qui illustrèrent la carrière du héros malouin.

Courte et brillante est la course de 1697.

Des correspondants ont informé le gouvernement français de la date précise du départ de Bilbao d'une flotte marchande anglo-hollandaise, sous l'escorte de 3 vaisseaux de guerre hollandais, commandés par un officier des plus distingués, le vice-amiral baron de Wassenaër. Duguay Trouin avisé se trouve sur leur passage, heureusement fortifié par la rencontre de deux corsaires de Saint-Malo : l'*Aigle-Noir*, capitaine Bellisle-Pepin, et la *Faluère*, capitaine Dessaudrais-Dufresne. Les trois vaisseaux ennemis étaient de force, deux, le *Delft* et le *Honstaërdik*, chacun de 54 canons, le 3e de 38 canons. La mer était grosse : cependant les capitaines français décident, sans hésiter, qu'on livrera combat à l'abordage. Pendant que la *Léonora* donne dans le convoi, que la *Faluère* et l'*Aigle-Noir* se chargent d'enlever le plus faible des vaisseaux hollandais, ceux de Duguay Trouin et de Boscher, se jettent résolument sur le *Delft* et le *Honstaërdik* : la lutte est acharnée ; un boulet met le feu à des gargousses, à bord du *Sans-Pareil,* dont la poupe saute en l'air ; le *Saint-Jacques*, resté seul contre deux terribles adversaires, est maltraité au plus haut point, obligé même à se retirer pour réparer son désordre : il revient au combat, appelant à son aide les capitaines de l'*Aigle-Noir* et de la *Faluère* et dans un effort suprême, où Dessaudrais-Dufresne, le doyen des capitaines malouins, est tué, la victoire reste aux Français. De part et d'autre, il y avait un grand nombre de morts et de blessés (parmi ces derniers M. de Wassenaër). De son côté la *Léonora* avait amariné 12 bâtiments marchands.

Ce magnifique combat, aussi honorable pour les vaincus que pour les vainqueurs, produisit à Saint-Malo et à Brest une sensation facile à comprendre. Mais il ne semble pas qu'elle ait eu à la cour tout l'écho que l'on pouvait attendre. Duguay Trouin fut, il est vrai, nommé capitaine de frégate, et Pontchartrain fils, que son père initiait aux affaires de la marine, avec l'intention de lui transmettre prochainement la charge de secrétaire d'Etat au déparment, écrivit à M. Desclouzeaux, à la date du 10 avril : « J'ay reçu... le 5 du courant la relation de ce qui s'est passé dans l'action du sieur Duguay Trouin et vous ne devez pas douter que je n'aye appris cette nouvelle avec beaucoup de joye. Mon père en a rendu compte au Roy qui a esté content, et Sa Majesté a bien voulu donner au sieur Duguay Trouin des marques de sa satisfaction en le faisant capitaine de frégate. » Mais le ministre n'appuie pas sur ces louanges et même se montre aigre-doux envers l'intendant, qui a été l'âme de l'armement, lui exprimant sa surprise et son mécontentement d'apprendre que celui-ci comptait parmi les intéressés des officiers du port de Brest. Le fait était tout à l'honneur de Duguay Trouin, et Pontchartrain avait peut-être mauvaise grâce à affecter tant de pudeur, à propos d'une participation d'officiers, qui avaient la direction du magasin général, et pour ce motif étaient susceptibles de prêter à la suspicion dans leur concours à des armements particuliers, lorsqu'il savait que les hautes personnalités dirigeantes entraient elles-mêmes dans les opérations de ce genre. Au fond, il y avait peut-être simple dépit... de concurrence : le succès de telle course particulière gênait l'essor de telle autre, entreprise avec les vaisseaux du Roi, pour le compte d'armateurs réels qui se dissimulaient sous les noms d'armateurs fictifs.

L'essentiel, pour Duguay Trouin, c'était d'avoir pied dans le milieu entrevu par ses rêves, d'avoir, dans l'aristocratie maritime, une place désormais indiscutée, bien que très humble encore. Sa réputation est consacrée. Il le sent. Il espère tout de l'avenir qui s'ouvre devant lui. Il obtient de venir à Paris remercier le Roi de sa faveur et sollicite du même coup deux vaisseaux pour une nouvelle campagne. On lui accorde l'*Oiseau* et le *Solide*, qui viennent d'accomplir des courses brillantes avec M. Dandennes, mais avec force restrictions. Il signera un traité en règle avec l'intendant de la marine à Brest, il se conformera, pour la levée de ses équipages, aux habitudes communes à tous les corsaires particuliers. C'était presque lui opposer une fin de non recevoir hypocritement déguisée, car il y avait alors une pénurie extrême de matelots. Vainement, il demande qu'on l'autorise à faire des levées d'autorité, par l'intermédiaire des commissaires des classes. On lui refuse aussi d'augmenter son armement d'une frégate. Il y avait de quoi décourager, avec toutes ces entraves administratives, un homme moins énergique et enthousiaste. Mais déjà la paix s'annonçait et les préliminaires de Ryswick vinrent bientôt couper court à tous projets de course.

Dans cette guerre de la ligue d'Augsbourg, les corsaires français avaient joué un rôle considérable, et, parmi eux, Duguay Trouin s'était révélé comme une de nos gloires maritimes futures. Il n'est pas encore un chef accompli : il lui fallait acquérir des connaissances qu'il avait jusqu'à ce jour trop négligées, étant tout à l'action. Mais il possède les qualités maîtresses qui ne sauraient dériver de l'étude, ni même de l'expérience technique. Il a l'autorité, l'audace, le sang-froid et la ténacité ; il est déjà en mesure de préparer et de diriger une opération navale de quelque complexité. Il lui reste à faire ses preuves de l'aptitude à des commandements plus étendus. Vienne une autre guerre et il les fera.

Duguay Trouin, obligé au repos, partage son existence entre Brest et Saint-Malo, tout abandonné, disent les uns, aux mauvaises passions de son adolescence, — et lui-même semble avoir pris à tâche d'accréditer cette opinion par certains passages de ses mémoires authentiques, — préoccupé d'études théoriques, disent les autres. La vérité est probablement de l'un et de l'autre côté. A Saint-Malo, où il passe ses étés, le jeune homme retrouve des compagnons d'antan, des occasions de distraction, qui le replongent dans une vie de jeu, de débauche, de querelles. Mais à

Brest, les choses ne pouvaient aller de la sorte. Les officiers de
marine mènent en cette ville une conduite trop souvent scanda-
leuse ; Duguay Trouin eut peut-être désiré se mêler à eux ; mais il
n'était encore que le roturier parvenu et il ne pouvait espérer, de la
part de ses aristocratiques collègues, que politesse froide et accueil
étudié ; il était d'ailleurs trop intelligent pour s'aliéner, par des
écarts notoires, l'estime de quelques chefs et la protection d'un
intendant, très enclins à servir à son avancement. Je pense donc
qu'il consacra ses hivers, à Brest, à des occupations sérieuses.
Il reparaîtra en 1702, âgé de 29 ans, toujours plein d'entrain, mais
plus tempéré dans sa fougue, plus réfléchi dans ses actes, pour
commencer une seconde période de courses qui se terminera par
l'admirable expédition de Rio de Janeiro.

Je n'ai pas trouvé inutile d'écrire ces quelques pages après tant
d'autres écrivains. J'ai raconté par la plume, comme je l'eusse fait
par la parole, sans phrases, en essayant de donner son vrai relief a
un vaillant marin tout au début de sa carrière et dans le milieu
qu'il a traversé. Je n'ai pas sottement cherché à exagérer une
gloire naissante, qui se suffit à elle-même, ni à dissimuler des
envers susceptibles d'aider à la meilleure compréhension d'un
caractère. Surtout, j'ai voulu apporter à l'histoire quelques documents nouveaux. J'ai l'espoir que cette étude permettra de mieux
embrasser, dans leur magnifique déroulement, les progrès réalisés
par le brillant Malouin au cours de la seconde période de ses
campagnes.

Vannes. — Imprimerie Lafolye, 2, place des Lices.

www.ingramcontent.com/pod-product-compliance
Lightning Source LLC
LaVergne TN
LVHW012103030726